W9-AAZ-634

Claves y símbolos en los mapas

Keys and Symbols on Maps

Meg Greve

Rourke Publishing

Vero Beach, Florida 32964

www.rourkepublishing.com

PHOTO CREDITS: © Alexandr Dvorak: Title Page; © Mike Clarke: 3; © exi5: 4, 6, 14, 18, 20; © iofoto: 5, 21; © DIGIcal: 7; © Günay Mutlu: 8, 12; © jan kranendonk: 9, 23; © Windzepher: 11, 22; © Aimin Tang: 13, 22; © Gene Chutka: 15; © joannawnuk: 17; © Fernando Delvalle: 19;

Edited by Jeanne Sturm

Cover design by Nicola Stratford bppublishing.com
Interior design by Tara Raymo
Bilingual editorial services by Cambridge BrickHouse, Inc.   www.cambridgebh.com

Library of Congress Cataloging-in-Publication Data

Greve, Meg.
  Keys and symbols on maps / Meg Greve.
       p. cm. -- (Little world geography)
  Includes bibliographical references and index.
  ISBN 978-1-60694-419-6 (hard cover)
  ISBN 978-1-60694-535-3 (soft cover)
  ISBN 978-1-60694-586-5 (bilingual)
  1. Map reading--Juvenile literature. 2. Maps--Symbols--Juvenile literature.
I. Title.
  GA130.G748 2010
  912.01'48--dc22

                                    2009006021

Printed in the USA

CG/CG

www.rourkepublishing.com - rourke@rourkepublishing.com
Post Office Box 643328 Vero Beach, Florida 32964

Observa un **mapa**.
¿Qué es lo que ves?

Look at a **map**.
What do you see?

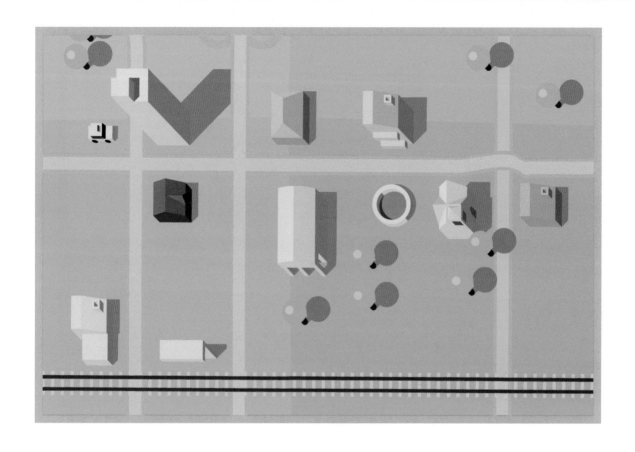

Ves **símbolos** y una **clave**.

You see **symbols** and a **key**.

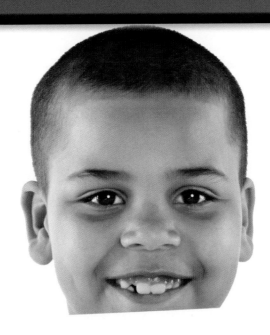

CLAVE / KEY

Calle / Street

Río / River

Vía / Railroad

Estacionamiento
Parking Lot

Casas / Houses

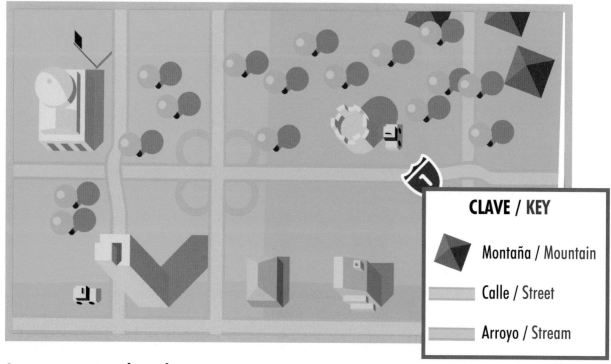

CLAVE / KEY

Montaña / Mountain

Calle / Street

Arroyo / Stream

Los símbolos representan cosas más grandes, como **montañas**, calles o hasta arroyos.

Symbols stand for bigger things, like **mountains**, streets, or even streams.

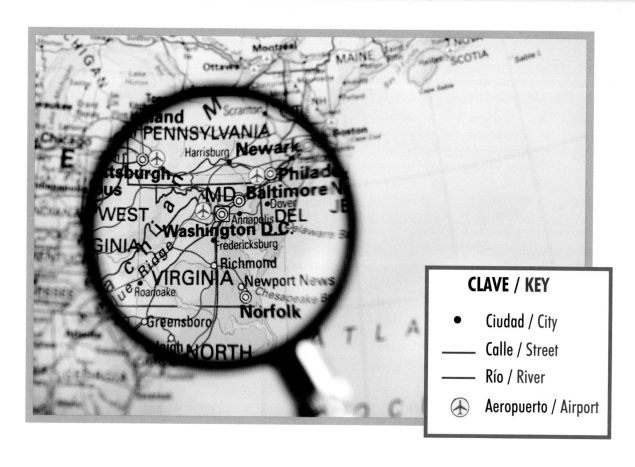

Los símbolos son muy pequeños.

Symbols are so very small.

Los mapas y **globos terráqueos** no pueden mostrarlo todo.

Maps and **globes** can't show it all.

CLAVE / KEY

- Ciudad / City
- —— Calle / Street
- —— Río / River
- ✈ Aeropuerto / Airport

Un puntito podría ser una **ciudad**.

A **city** might be a little dot.

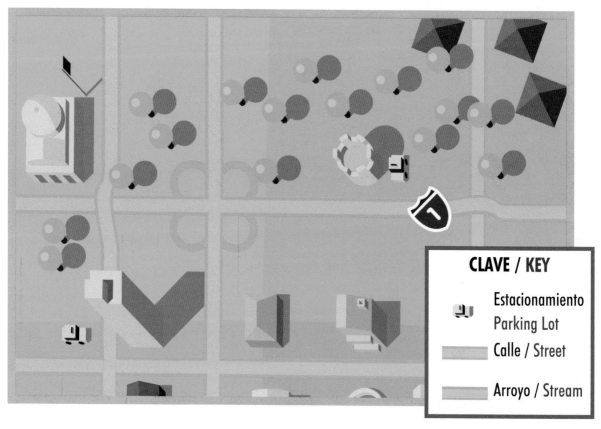

CLAVE / KEY

Estacionamiento
Parking Lot

Calle / Street

Arroyo / Stream

Un carro podría representar
un estacionamiento.

A car might mean a parking lot.

Fíjate en la esquina para encontrar la clave, una herramienta útil que explica lo que ves.

Look in the corner to find the key, a handy tool to explain what you see.

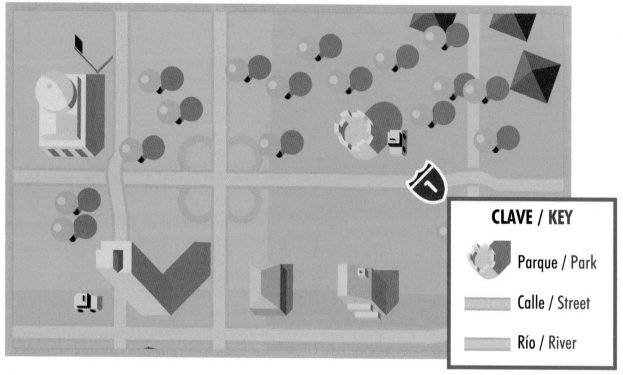

CLAVE / KEY

Parque / Park

Calle / Street

Río / River

Los mapas nos muestran de todo, desde ríos gigantes hasta parques con columpios.

Maps can show us lots of things, like giant rivers or parks with swings.

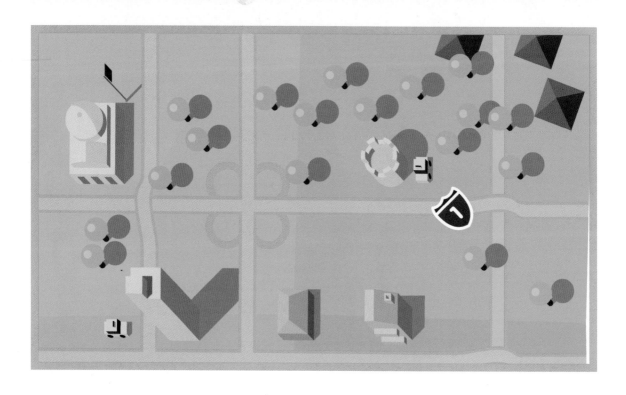

Solo usa los símbolos y la clave. ¡Leer mapas es fácil y divertido!

Just use the symbols and the key. Reading maps is fun and easy!

CLAVE / KEY

Calle / Street

Río / River

Parque / Park

Escuela / School

GLOSARIO / GLOSSARY

ciudad: Una ciudad es un pueblo muy grande con mucha gente. Las ciudades tienen muchas calles, edificios y tiendas.
city (SIT-ee): A city is a very large town with lots of people living in it. Cities have lots of streets, buildings, and stores.

CLAVE / KEY

Montaña / Mountain

Calle / Street

Arroyo / Stream

clave: Una clave muestra lo que significan los símbolos de un mapa. Por lo general, puedes encontrar la clave en una de las esquinas del mapa. A veces, la clave es llamada leyenda.
key (KEE): A key shows what the symbols stand for on a map. You can usually find the key in one of the bottom corners on a map. Sometimes a key is called a legend.

globo(s) terráqueo(s): Los globos terráqueos son esferas que muestran la Tierra entera. Los globos terráqueos usan símbolos o colores que representan cosas más grandes.
globes (GLOHBS): Globes are round spheres that show the entire Earth. Globes contain symbols and colors that stand for bigger things.

22

mapa: Un mapa es un dibujo plano de un área. Hay mapas de calles, pueblos, ciudades, el mundo y mucho más. Los mapas tienen símbolos y colores, que representan cosas.
map (MAP): A map is a flat drawing of an area. There are maps of streets, towns, cities, the world, and much more. Maps contain symbols and colors, which all stand for something larger.

montañas: Las montañas son partes del terreno que son muy altas. Los glaciares o volcanes crearon algunas montañas.
mountains (MOUN-tuhns): Mountains are parts of the land that are very high. Some mountains were created by glaciers or volcanoes.

símbolos: Los símbolos son pequeños dibujos en un mapa que representan cosas más grandes. Un avión representa un aeropuerto y las líneas azules representan los ríos.
symbols (SIM-buhls): Symbols are little pictures on a map that stand for bigger things. An airplane symbol stands for an airport, and blue lines show rivers.

Índice / Index

Visita estas páginas en Internet / Websites to Visit

www.maps4kids.com

www.fedstats.gov/kids/mapstats/

www.kids.nationalgeographic.com/

Sobre la autora / About the Author

Meg Greve vive en Chicago con su esposo, hija e hijo. A ella le encanta estudiar mapas e imagina viajes a lugares nuevos y diferentes.

Meg Greve lives in Chicago with her husband, daughter, and son. She loves to study maps and imagines traveling to new and different places.